Irene Beddies

Morgen, Abend, Wasser, Wind

Gedichte

Bibliographische Information der Deutschen
Nationalbibliothek:

Die Deutsche Nationalbibliothek verzeichnet diese
Publikation
in der DeutschenNationalbibliographie;
detaillierte bibliographische Daten sind   im Internet
über http/dnb.dnb.de abrufbar .

Herstellung und Verlag:
BoD – Books on Demand, Norderstedt

ISBN 978-3-8423-7528-4

Mein Element

Das kühle Wasser ist mein Element,
ich lass das heiße Feuer gern den andern.
Im Wasser jedes Fischlein mich erkennt.
Auch auf dem Land will ich nicht wandern.

Die Luft weht meist auf Erden viel zu scharf
und kann der Brust mitunter Schmerz bereiten.
Sie schafft den Widerstand. Ich darf
nur schwebend durch die Fluten gleiten.

Mein Perlenreich im klaren Wasserhimmel
ist mir vertraute Heimat, ist der Ort,
wo um mich her der Fische Glanzgewimmel
hilft hüten mir den liebsten Hort.

Den Thron im Weltenmeer der Tränen
geb ich nicht auf um alles Gold der Welt.
Auf ihm kann ich gebieten meinem Sehnen
wie sich's geziemt und wie es mir gefällt.

Mein Element ist eben nur das Wasserreich,
das Feuer lasse ich den Liebenden,
die Erde jenen, die vor Arglist bleich,
die Luft gehört den Träumenden.

Bekenntnis

Warum denn weinen?
Der Klang der Tausende Gedichte,
die Freud und Schmerz vereinen,
soll meiner Seele Führer sein.

Warum nicht lachen?
Das Wort der ersten Ur-Geschichte,
es birgt den Weltsinn ebenso
und macht verständig froh.

Warum nur stumm sein
und so eng verschlossen?
War nicht den Alten schon der Wein
Freund unter Freunden, froh genossen?

So lös die Zunge und das Herz,
so lach und weine!
Genieß die Freude und den Schmerz,
solang sie deine.

Versprechen

Gestalt aus Nichts, an deinem Schleier hängt
der Sterne Prunk und unsres Schicksals Fracht.
Erfüllt sich heute, was uns zugedacht,
bevor das Morgenlicht hervor sich drängt?

Schon tritt ein Schimmer an den Saum der Nacht
mit rotem Schein. Aurora steigt empor
und weckt am See der frühen Vögel Chor,
enthüllt die Welt in frühlingshafter Pracht.

Der Engel spricht: „Aus Rosen ward das Licht,
drum seid getrost und fürchtet ihr euch nicht,
die Dunkelheit verliert nun ihr Gewicht.

Die Liebe ist verzeihend. Kein Gericht
wird euch erwarten, denn die Gnade bricht
hervor, seid ihr bereit in Zuversicht!"

Ruhe

Der Wind ist still geworden,
der See liegt ruhig da,
und aus des Abends Norden
leuchten die Sterne nah.

Der volle Mond dreht sein Gesicht
mir lächelnd und leuchtend zu
als wollt' er senden ein Gedicht
zu meiner Abendruh'.

Im Ried raschelt es leise und scheu
als tanzten Elfen im Traum.
Das Wasser spiegelt den Mond getreu
und den einsamen Baum.

O Mond, o Himmel, See und Stern
im dunklen Spiegelbild,
an eurer Stelle wär ich gern,
denn mein Herze schlägt so wild.

Tagesbeginn

Im Morgengraun dem Horizont entgegen,
wo zaghaft erst der neue Tag erwacht
und in dem Dunkel Purpurglut entfacht,
will sich die Seele suchend hinbewegen.

Die Pfützen längs des Weges, die der Regen
vor Nacht in Sturmgewalt herbeigebracht,
erglühen jetzt in roten Blutes Pracht,
und Funken auf dem See sich tanzend regen.

Nun schwillt ein Vogelrufen durch die Stille,
der Himmel hellt sich langsam auf und blaut.
In allen Farben wird die Wiese blühen,

wenn sie sich zeigt im vollen Morgenglühen.
Der Tag sich Wind und Wolken anvertraut
und der Bestimmung eines Höhern Willen.

An der Mauer

Im Morgenrot der Nächte graue Schatten
verblassen. Licht fährt in das Efeudunkel
auf grüner Spur, erfüllt das Taugefunkel
der tausend Perlen, ehe sie ermatten.

Die Sonne steigt und heiß ergießt sie nieder
der Flammen Hitze aus dem puren Blau
und unerbittlich saugt sie auf den Tau.
Sie lässt verstummen aller Vögel Lieder.

Die Sonne hat den hohen Mittag überschritten,
die Schatten längen sacht sich überm Stein,
der Efeu breitet wieder seine Blätter.

Und ehe noch die kühle Nacht ist Retter,
kommt schon der Mond auf seiner Bahn geglitten,
erquickt die Leidenden mit seinem Schein.

Zuversicht

Was versprichst du diesen Morgen,
lieber neuer Tag?
Ich mach mir keine Sorgen,
fühl ich mich doch geborgen,
mehm's hin, wie's kommen mag,
und ich auch nicht verzag'.

Die ew'ge Liebe wird mich halten,
die über allem wacht,
sie wird im Schicksal walten,
wird ihre Macht entfalten
bis in die tiefe Nacht,
weil sie mir zugedacht.

Wenn Sonn' dann will beglücken,
weiß ich voll Zuversicht:
Furcht kann mich nicht bedrücken,
ein Lied kann mich entzücken
in ihrem Angesicht.
Böses hat kein Gewicht.

So kann den Weg ich schreiten,
der mir seit je gezeigt.
Die Liebe wird mich leiten,
voll Kraft mich stets begleiten,
auch wenn der Himmel schweigt.
Zu ihr mein Herz sich neigt.

Der Tag

Schlägst du die Augen auf beim Klang der Uhren
und nimmst den Tag beherzt in deine Hand,
wird er gefüllt mit Pflicht bis an den Rand.
Am Abend gehst du durch vertraute Fluren.

Du spürst den Abendfrieden überm Land,
erkennst des Pfluges hinterlass'ne Spuren,
hörst letzte Laute müder Kreaturen.
Der Himmel schlingt sein rosarotes Band

um alles. Du gehst in der Dämmerung,
befriedigt und befriedet, müde auch,
genießt des späten Abends kühlen Hauch.

Dunklere Schatten längen deine Schritte.
Und aus der Sternenhaufen goldner Mitte
begleitet sanft dich glückliche Erinnerung.

Wenn es Nacht wird

Wenn die Nacht ihr samtenes Gewand
über den Wald legt, der ruht,
steigt - wie an Fäden gezogen –
der Mond herauf.

Eine Sichel nur, weiß im fahlen Blau,
leuchtet er unter den ersten Sternen.
Darunter die Silhouette der Wipfel.
Wie ferne Berge erheben sie sich
fest und vertraut.

Stille kehrt ein in meine Gedanken,
Freude füllt das Herz
und Frieden.

Sonnenuntergang am Meer

Blutrot leuchtet das Meer,
der Himmel steht in Flammen
...für kurze Zeit.

Der Sonne glühender Ball
sinkt auf die Wellen hin.
Über dem Horizont
ist alles golddurchflossen.
Das Meer verdunkelt sich
und nur die Wellen
tragen noch Diamanten
auf ihren Kämmen.

Die Wolken färben sich violett,
dann grau mit rosa Rändern.
Grell blitzt
ein letzter hoher Wellenkamm.
Möwenschatten huschen
über den Himmel,
ohne Schrei,
segeln ohne Flügelschlag vorbei.

Stille,
nur der Strandhafer wispert
im leichten Wind.
Dunkelheit nimmt die Welt
beschützend in den Arm.

Der Nacht verfallen

Du tanzt auf dem Vulkan
mit aufgelösten Haaren,
die Welt ringsum zu bunt, zu laut.

Am Tag im Lebenskarussel zu fahren,
du hast es abgetan,
das Licht zu grell auf deiner Haut.

Die Nacht ist dir vertraut,
zeigt dir die altbekannten Schreckgestalten
der Kindheit und der Fantasie.

Vor ihrem Grau'n willst du nicht halten,
du lässt dich weitertragen.
Doch angekommen bist du nie.

Dennoch vertraust du den Gewalten
und fällst in ihre Lethargie.
Du leidest, doch du willst nicht klagen.

Teestunde

Wenn ich heut schlürf mit Zimt gewürzten Tee,
versetzt der Duft mich in die Märchenwelt,
wie sie der Orient vor Augen stellt.
In meiner Seele tut dann nichts mehr weh.

Ich sehe blauer Dächer Ziegelpracht,
vernehm von fern geheimes Brunnenrauschen,
ich kann der goldnen Nachtigall frei lauschen
und zähle nicht die Stunden meiner Nacht.

Was stören kann, ist gänzlich mir vergessen,
ich sitze still, vom Lärm der Welt verschont,
wenn über mir steht groß und bleich der Mond.

Ich darf von allen süßen Früchten essen,
was mir gefällt an Datteln, Pfirsich, Feigen.
Scheherazade tanzt mit mir im Reigen.

Nacht und Morgen

Mondlicht ergießt sich über die Flur,
vom fernen Kirchturm schlägt die Uhr,
Ruhe senkt sich über die Felder.

In der Ferne schlafen die Wälder.
Emsig nur webt die Spinne ihr Netz.
Die Eule jagt lautlos nach altem Gesetz.

Es regt sich unter dem Haselbusch,
irrt hierhin und dorthin in wirrem Gehusch,
verharrt und nagt an der Nuss.

Ein Fisch springt im Fluss.
Fahl kündigt der Morgen sein Kommen an,
weiße Schwaden ziehen den Hügel hinan.

Mit Diamanten besetzt ist das Rad,
das die Spinne so emsig gewoben hat.
Kleinod schwebt über dem Gras.

Kunstwerk aus Faden und Nass
funkelt das Netz im Frühsonnenschein.
Er gibt vielerlei Licht jedem Edelstein.

Unter dem Apfelbaum

In blauer Dämmerung der klaren Nacht
bewegt sich sacht ein Reis im Apfelbaum.
Es huscht im Grase leis vorbei wie Traum,
im Garten, wo am Tag das Kind gelacht.

Ein goldner Raschelblätterregen weht
den wohlbekannten Weg zum Haus entlang,
wo einst der Mutter Kinderlied erklang,
wo nun der Zeiten Glockenschlag vergeht.

Die Tür steht nicht mehr offen, Fenster blind,
das Dach verfallen, ausgesetzt dem Wind...
Ich steh jetzt alt, wo ich einst war ein Kind.

Und doch: der alte Apfelbaum, er rauscht
versonnen. Wie in alten Tagen bauscht
sich Leben, so wie einst ich es erlauscht.

Rote Amaryllis

Amaryllis, du meine Schöne,
entfaltest mir den Kranz
deiner Blütenblätter
aus länglicher Knospe
zum Stern,
rot
wie Hagebutte und Mohn.

Dunkler leuchtet's im Innern.
Aus goldgrünem Grund
ragen weiß
auf gebogenem Schweif
der Stempel
und die gelben Pollengefäße
aus dem Kelch hervor.

Es behüten dich
schwertförmig die Blätter,
grün und saftig.

Eine zweite Knospe
willst du mir öffnen
rot
wie Hagebutte und Mohn.
Zu strahlen, sprengt sie
die grüngoldene Hülle,
strebt ins Licht.

Blaue Hyazinthe

Das Zimmer ist erfüllt vom süßen Duft,
der blauen Hyazinthe.
Er hängt so schwer in warmer Luft,
als ob vom Tod sie künde.

Und immer intensiver wird der Duft,
so süß betäubend wie ein Gift,
gibt eine bange Ahnung von der Gruft
und ihrer Klageschrift.

O süßer Hauch, lass mich in dir vergehen,
o Blume stark und prächtig,
der Wunsch wird übermächtig:
nach meinem toten Liebsten will ich sehen.

Winters Ende

Die weiße Pracht ist vergangen.
Äcker liegen wieder grau in grau.
Gestern noch war der Himmel verhangen,
heute zeigt er sich herrlich blau.

Die Sonne spielt an kahlen Zweigen,
lässt leuchten am Stamm das Moos.
Das erste Grün will kräftig sich zeigen,
bricht stolz aus dem Erdenschoß.

Da zeigen sich Blättchen vom Löwenzahn,
Nesseln winken im Wind am Knick.
Aus dem Baum flötet der Amselhahn
mit keck das Weibchen suchendem Blick.

Und wenn du genau nach unten schaust –
zu deinen wandernden Füssen
breiten sich grün schon die Gräser aus,
die Sonne zu begrüßen.

Wenn alles so bleibt, kein Frost mehr in Sicht,
dann hat der Frühling gesetzt den Fuß
bleibend und wachsend mit seinem Licht
der Welt und den Menschen zum Gruß.

Vorfrühling

Blauer Himmel über dem saftigen Grün
von Raps, Weizen und Wiese.
Gülleduft weht in der Briese.
Da, wo die Haselkätzchen blüh'n,
gibt's gelbgrüne Flecken
in den kahlen braunen Hecken.
Am feuchten Rain
sprießen schon fein
die ersten frischen Blättchen
von Löwenzahn und wilder Möhre.

Momentaufnahme

Als ich heut ging im frühen Sonnenschein
auf dem gewohnten Weg am Feldesrain,
um mir für den Salat von Löwenzahn
und Vogelmiere Blätter abzupflücken,
da schaute mich verstohlen an
ein gelber Ball, mich zu entzücken.

Er war gebettet in den grünen Kranz
aus tiefgezackten Blättern dicht an dicht,
war eine Blüte, nicht entfaltet ganz,
verbreitete heut deutlich Frühlingsglanz.

Geballte goldne Blütenblättchen strebten
aus ihrem grünen Körbchen, streckten sich
der Sonn' entgegen flehendlich.
Die größten Spitzchen schon im Windhauch bebten.

Und nebendran, recht unscheinbar, doch keck,
hatte die Miere weiße Knospen angesetzt.
Kurz vor dem Blühen stand sie auf dem Fleck,
an dem auch kurzes Gras die ersten Ähren wiegte
und sich an rote Brombeerblätter schmiegte,
die noch vom Morgennebel leicht benetzt.

Der Feldblumenstrauß

Den Sommer hol ich mir ins Haus
mit allen seinen Farben.
Ich pflück mir einen Blumenstrauß
vom Feld, wo steh'n die Garben.

In meinem Zimmer schmückt er jetzt
mit Kräutern, Gräsern, Blüten
die trübe Dämmerung zuletzt
der Stadt im Hitzebrüten.

Er heitert auf, er gibt mir Ruh,
schau ich nur seine Fülle.
Er lächelt mir aufmunternd zu,
schenkt mir die inn're Stille.

Sturzregen

Sturzregen prasselt aufs hölzerne Dach,
hüpft auf der Bank vor dem Fenster.
Er tränkt die Wiesen, rauscht mächtig im Bach.

Die Schleier der grau-schweren Tropfen
verbergen die Berge, das Tal und den Wald,
wenn sie kräftig springend ans Fenster klopfen.

Die Blumen im Hof verbeugen sich tief
vor des Himmels-Wassers peitschender Fülle.
Geweckt mit Getöse wird alles, was schlief.

Gewaschen glänzt das Kopfsteinpflaster,
das getreten war vom schmutzigen Schuh.
Es scheint wie aus antikem Alabaster,
wenn der Regen – beschwichtigt – gibt Ruh.

Altweibersommer

Vollmond versilbert Wiese und Feld.
Tiefe Ruhe liegt über der Welt.
Heimlich nur spinnt in ewiger Müh
Spinne ihr Netz bis in die Früh.

Und die Eule jagt lautlos.

Frühtau glänzt auf Blüte und Blatt.
Ferne Glocken aus der Stadt
läuten die Morgenstunde herbei.
Hirsch hebt lauschend sein Geweih.

Und der Fuchs streicht durchs Moos.

Hoch überm Wald der Himmel wird fahl.
Freche Stare ohne Zahl
rüsten sich spielend für den Flug
südwärts. Bald trifft sich Vogelzug.

Und das Frührot wird groß.

Wolkenspiele

Da weidet ein Drache mit grauem Kopf
und weißen Flügeln auf der Himmelsau.
Hinter ihm folgt mit weißem Schopf
sein Kind mit wehendem Schweife, schau!

Sie ziehen eilig und lächeln zur Erde.
Zu Orange zerfließt der erste der zwei.
Das Kind wartet drauf, dass es rosa werde
und wird roströtlich dabei.

Nun treibt der Wind sie, wandelt die Form,
eins wird ein Schäfchen, eines ein Bär.
Ihre Größe nimmt zu, sie wird enorm.
Sie werden geschwind gepustet zum Meer.

Über den Wellen ein Feuerstreif glüht,
zu ihm treiben die bizarren Gestalten,
schwimmen zusammen zur roten Bank,
spiegeln der sinkenden Sonne Gewalten.

Spätsommer

Der Tag ist heiß. In Windes trocknem Wehen
verströmt sich schwer der Duft von welken Rosen,
die mit den Geißblattblüten zärtlich kosen.
Er kündet leis des Sommers nahes Gehen.

Was uns der Frühling gab als buntes Lehen
an Farbenfülle, Frische, neu Beginnen
mäht nun die Hitze, eh wir uns besinnen.
Uns bleibt der Früchte Leuchten in Alleen,

eh sie vom Baume stürzen, reif und schwer.
Und bald ist auch verkürzt des Tages Länge,
verrinnt die Zeit des Lichtes im Gepränge

vor letztem Glühen rost'gen Farbentanzes.
Das Jahr erfährt sich dann als volles Ganzes,
wenn Flocken wirbeln, Eis bedeckt das Wehr.

Sommers Ende

Im Morgengrauen wacht' ich taumelnd auf
und lauschte angstvoll dem Gespräch der Wände,
die wispernd flüsterten vom nahen Ende
der Herrlichkeit im Sommersonnenlauf.

Tapeten wollten heimlich sich entflammen,
um künft'ge Kälte wirksam abzuwehren,
um Stein und Eis nicht Angriff zu gewähren.
Ich rollte mich zur Kugel fest zusammen.

Wie Igel wollt ich unter Strauch und Laub
im Wald mich unsichtbar und warm verkriechen.
Ich tat, als wär ich völlig taub geworden,

und hörte nicht von Winters kaltem Morden.
Stattdessen träumte ich, ich könnte riechen
der Rosen süßen Duft im Sommerstaub.

Erntelied

Stellt die Teller in den Schrank,
sie sind zu klein!
Legt die Pflaumen in die Schüssel rein,
setzt die Kiste mit den Äpfeln auf die Bank!

Wetzt die Messer euch am Stein,
schlagt sie in des Kürbis' Rinde!
Ihn zerteilt geschwinde,
Birnen wollen noch gelesen sein.

Schürt das Feuer, hebt die Töpfe auf den Herd!
Stoßt den Zucker und den Zimt!
Schnell das Fruchtfleisch in den Sud geleert.
So gelingt's bestimmt.

Und die Kerne legt zum Trocknen aus
zu den Bohnen auf die Darre!
Für die Birnen nehmt die Karre,
bringt sie vollbeladen mir ins Haus!

Eilt Euch!
Denn schon droht der Regen.

Herbstwind

Der Herbstwind jagt mit aller Macht
die Wolken über Stadt und Wald.
Er endet jäh die gold'ne Pracht
der Blätter mit Gewalt.

Er treibt sie mit sich fort im Spiel,
er häuft sie auf am Wegesrand,
verstopft mit ihnen manches Siel,
macht sich dann fort ins Land.

Da, wo er weht wird alles kahl.
Nur hier und da schwebt noch ein Blatt.
Gewärmt von keinem Sonnenstrahl
hängt es am Aste matt.

Im Garten unterm Apfelbaum
die Früchte liegen prall und nass,
herabgestürzt aus luft'gem Raum
ins fahle, welke Gras.

Einzig die blaue Aster wiegt
die Pracht der Blüten stolz im Wind,
zerzaust wohl – aber nicht besiegt:
ein spätes Sonnenkind.

Auf dem Friedhof

Blätter rascheln unter meinen Füßen,
kleine Pilze schauen aus dem Gras,
Bank und Wege sind noch etwas nass,
zwischen Wolken will die Sonne grüßen.
sie verspricht mir eine schöne Stunde.
Blumen leuchten noch in später Pracht,
wo die Gräber nicht im Schatten liegen,
letzte dicke Hummeln taumelnd fliegen,
suchen süßen Nektar mit Bedacht
in den blassen Rosen der Rotunde.

Moos und Algen wuchern auf den Stelen
üppig grün. Sie decken Schriften zu,
die verkünden sollten, wer hier ruh' –
doch wen kümmert's, wenn sie fehlen?
Nächstes Jahr sind sie dann wieder blank.

Auf dem Rasen graben unverdrossen
Maulwürfe sich ellenlange Gänge,
werfen Erde aufwärts wie durch Zwänge,
Nahrung suchend sehr entschlossen.
Ich sitz derweil ruhig auf der Bank.
Niemand naht. Und ich bin ganz alleine
mit dem Herbst und seinem Leuchten,
mit dem Wind und seinem etwas feuchten
Hauch, der Blätter rennen lässt zum Scheine.
Stille, Ruhe, Einkehr – ich sag Dank.

Erstes Drittel Oktober

Die Brombeersträucher, dicht behangen
von späten Beeren, leuchten üppig rot.
Der Sommer scheint noch nicht vergangen
und fernab droht erst Wintersnot.

Ob sie noch reifen vor dem ersten Frost?
Plötzlich kann alles anders enden,
die Blätter zeigen schon den ersten Rost,
die schweren Ranken sich zur Erde wenden.

Klack…falln die letzten Eicheln von den Bäumen
und Kraniche ziehn rufend übers Land.
Sie rauschen fort zu südlicheren Räumen.
An jenem frischgepflügten Feldes Rand

häufen sich Flint und rund geschliffene Steine,
als letzte Frucht, die noch hervorgebracht.
Und schon bereit im sanften grünen Scheine
wiegt sich die junge Gerste sacht.

Die Sonne scheint noch hell und warm,
ein lindes Lüftchen trügerisch weht.
Der Sonnenuhren schattiger Arm
nun immer früher in den Abend geht.

Alter Reiher

Der Reiher sitzt reglos auf dem morschen Pfahl,
schaut in das algen-braune Wasser seines Teichs.
Er hat verloren die schimmernde Fülle seines Reichs,
sucht nur noch heute ein allerletztes Mahl.

Schon morgen fliegt er fort zu unbekannten Ufern,
wo er vielleicht noch Hoffnung finden kann,
kehrt nur zum angestammten Teiche dann und wann,
um still zu lauschen den geheimnisvollen Rufern,

die ihm sein sommerliches Leben neu entfalten.
Im abgestorb'nen Schilf ein Rascheln und ein Raunen.
Versonnen blickt er in das spiegelbleiche Abendrot.

Noch ist er frei und ohne grause Wintersnot,
kann still noch trotzen drohenden
Schlechtwetterlaunen,
kann folgen noch dem eingeborenen Verhalten.

Auf ein Ahornblatt

Ein Ahornblatt, es taumelt aus der Höh,
gelöst von Herbstwinds keckem Orgelspiel,
das auswuchs sich zu einer starken Bö,
bis dass es müd zum Rand der Pfütze fiel.

Da lag es schließlich: Gold auf schwarzem Grund,
der ihm Kontrast nur unfreiwillig zollte,
weit ausgebreitet, weil's nicht weiterrollte,
tat dort des Winters eisern Willen kund.

Und wer vorbeiging, blieb dort staunend stehen,
das filigrane Kunstwerk anzusehen.
Schon Löcher trug das Fingerblatt am Rand,

von Sommergästen fein zernagtes Band.
Wie Brüssler Spitze mutete es an,
bevor der Gang ins Niemandsland begann.

Frühlingsgrün im Herbst

Die Wintersaat ist zeitig aufgegangen,
es leuchten frühlingsgrün die Felder ringsumher,
doch hat der Herbst längst angefangen
und lässt mit seiner Pracht sich sehen.

Der Eichenbaum bekennt jetzt Farbe.
Im Knick betört er mich mit Rost und Gold,
Holunderbeeren hängen blau und schwer.
Rot strahlen Hagebutten im Gesträuch.

Der Wind bläst jetzt so richtig kalt von Ost
mir ins Gesicht und wirbelt Blätter auf.
Es queren schräge Sonnenstrahlen
den Weg und malen Schatten auf den Sand.

Die letzte große Feier eint das Land,
bevor der Winter naht mit harter Hand.

Spiegelbilder

(Großensee bei Hamburg, 27.10.)

Sieh Wolken, hoch im hellen Spiegelbild !
Der See von ihrem Wanderzug erfüllt.
Sie segeln weiß und träg im lauen Wind,
sie zeigen, dass sie frei und formbar sind.

Der grauen Gänse wechselnd Wanderband,
es quert den See...Geschrei vom Himmel oben
tönt laut und rau. Es kündet Winters Toben,
das wütend bald beherrschen wird das Land.

Ein Birkenblatt aus Gold taumelt vom Baum
ins Nass. Die zaghaft kleinen Wellenkreise
verletzen nicht des Spiegels glatten Raum.

Der abgefaulten Stämme Drachenschatten,
sie drohen schwarz in unbekannte Tiefe,
wo heimlich Winter harrt, dass man ihn riefe.

Gewidmet Patrick Rabe

Novembermorgen

Weiß legt sich vor mein Küchenfenster
des dichten Nebels Zähigkeit.
Die Bäume sind nur noch Gespenster
in einer Welt, die nicht mehr weit.

Die Straßenlampen haben große Aureolen
diffusen Lichts, das sich verliert.
Wie Watte lenkt das Silbergrau verstohlen
den Blick zurück aus dem Geviert,

es lenkt ihn hin ins eigne Sein,
es schließt mich in mich ein.

Erste Flocken

Wie Mückentanz im Sommerabend
spielen weiße Flöckchen vorm Fenster,
zärtliche kleine Wintergespenster,
fürs Auge erquickend und labend.

Auf und nieder wirbeln sie trunken,
mögen sich nicht auf den Rasen legen,
wollen spielerisch erst sich bewegen,
ganz in ihren Tanz versunken.

Liegen sie erst auf den nassen Wegen,
vergehen sie leise, wie sie gekommen,
kein Wehlaut wird von ihnen vernommen,
sind der herbstlichen Wärme erlegen.

Noch tänzeln sie, spielen fröhlich Haschen,
rufen noch mehr Schwestern herbei,
die mitmachen bei der Neckerei
und die schwarzen Vögel überraschen.

Winteranfang auf der Insel

Wind kommt vom Meer,
rüttelt an Ast und Blatt,
macht die Farben matt,
führt den Winter her.

Sturm heult von See,
fegt die Bäume leer,
treibt vor sich her
den ersten Schnee.

Letztes goldenes Blatt
klebt erschlafft und nass
am Fenster. Blass
fällt Abend über die Stadt.

Leise klopft und bittet um Einlass
eine verspätete müde Fee.
Wir trinken schweigend Tee
aus gesprungenem Glas.

Winterlicht

Wenn Nebel erst die Erde verhüllt,
wenn Kälte regiert und Regen,
hat sich das sommerliche Leben erfüllt
und spendet innerer Ruhe den Segen.

Du wirst des Frühlings Erwachen träumen,
die bunten Bilder des Herbstes anseh'n,
es wird der Sonnenschein unter Bäumen
in deiner Erinnerung aufersteh'n.

Wenn auch die Welt im Dunkel liegt,
wenn kein Vogel im Walde singt,
wird Dumpfheit durch ein Licht besiegt,
das Hoffnung und Frieden bringt.

Frost

Die letzte Rose hat der Frost getötet,
hat mir die bleichen Wangen tief gerötet,
er hat in meine bloße Hand gebissen
und mir den Atem fast vom Mund gerissen.

Die Sonne hat mir nicht die Haut gewärmt,
sie hat jedoch mein Herze, das verhärmt,
zu neuem Leben, neuem Mut erweckt,
ich habe wieder Freud' für mich entdeckt.

So harre ich getrost und frohgemut
auf jene eine Nacht, die uns so gut
im Kerzenschein das Leid vergessen macht,

wenn uns im Herzen heimlich Engel singen,
und in der Stadt gewaltig Glocken klingen,
die künden, dass die Lieb uns zugedacht.

Es schneit

Es schneit, es schneit!
Die Welt trägt's weiße Kleid.
Autos sind versteckt im Schnee,
ich hol den Schlitten mir, juchhe!

Vögel kommen ans Futterhaus,
sehen wirklich hungrig aus.
Mit Schnabelhieb und Flügelschlag
geht Kampf ums Krümchen Tag um Tag.

Es schneit, es schneit!
Die Welt trägt's weiße Kleid.
Menschen stapfen durch den Schnee.
Im Walde wartet manches Reh.

Frisch wird Raufe gefüllt mit Heu,
Tiere nahen ohne Scheu.
Selbst Försters Dackel schreckt sie nicht.
Sie kennen ihn, den kleinen Wicht.

Es schneit, es schneit!
Die Welt trägt's weiße Kleid.
Wind verweht den lock'ren Schnee,
treibt ihn zum zugefror'nen See

Es schneit, es schneit.

Erster November
am Bramfelder See in Hamburg

Zweifaches Gold – an Land und auf dem See,
dazu das Blau vom weiten Himmelszelt,
getupft mit rosa Wolkenfetzen. Diese Welt
will ich behalten für mein Winterweh,

wenn ich erstarrt bin unter Eis und Schnee,
das Blut mir stockt, der Atem langsam geht.
Noch hält der Herbst mit seinem Wind und weht
der Blätter Farbenspiel in die Allee.

Es kräuselt sich der Spiegel unterm Hauch,
die Farben fließen wie im Aquarell
und wo es dunkel, wird es sonnenhell

am Ufersaum. Ein winterkahler Strauch
mit leuchtend roten Beeren grüßt ins Licht.
Beredter Zeuge meiner Zuversicht.

Schwarz und weiß

Heut kreisen Möwen und Krähen durch die Stadt.
Der Schnee liegt weiß auf dunklen Ästen ohne Blatt.
Der Rasen schimmert hell unter dem weißen Himmel,
aus dem herabfällt leises Schneegewimmel.

Der Teich erstarrt unter der Haut aus schwarzem
Eis,
darüber fügen weiße Schlittschuhspuren sich zum
Kreis.
Allein friert nun der Schneemann mit Zylinder,
nachdem verlassen haben ihn die Kinder.

Schwarz blicken Fenster aus der Häuser Mauer.
Frost liegt schon wieder auf der Lauer.
Am Abend steht der Mond am schwarzen
Himmelsrund,
beschaut die weißgefärbte Welt zu später Stund.

In mir läuft ab der heut'ge Film in Schwarz und Weiß,
ganz ohne jede Farbe, im Gedankengleis.

Das Rauschen

Am Waldrand liegen zwei Steine,
so groß wie nirgends sonst keine.
Sie laden mich ein gern zu Ruhe und Rast
und wollen mich schützen, dass keine Hast
mich weitertreibt ohne Muße
auf weit ausschreitendem Fuße.
Ich setze mich nieder, verweile so gern
und lausche dem Ruf der Vögel von fern.

Es wiegt der Wind grad die Bäume,
schickt mich in süßeste Träume,
die Sonne lacht freundlich und milde dazu,
bestärkt mich zu einer inneren Ruh.
Und wenn die Winde so rauschen,
möcht ich mit niemandem tauschen,
ich möcht das Gefühl meiner Freiheit allein,
es sollte nur EINER bei mir hier sein.

Ich will gedenken der Liebe
und hoff', dass immer sie bliebe,
dass nichts sie verletzt und dass nichts sie verdrängt,
dass niemand ihr noch die Flügel versengt.
So fliegen meine Gedanken
ganz frei und ohne die Schranken,
dass tägliches Leben und häusliche Pflicht
verstellen mir nicht mehr können das Licht.

Das Licht

Das Licht aus Sternenferne, aus dem All,
das sich verströmt im Meer, am grünen Land
und in den Nerven einer jeden Hand,
es leuchtet ewig hier und überall.

Es bricht sich nicht an Wolken, Baum und Wall,
es glüht mit Macht in Blüten, Gischt und dir,
es macht das Inn're frei. Es öffnet Tor und Tür
der LIEBE. Dieses Wortes Widerhall

dringt tief ins Dunkel unserer Persönlichkeit,
macht Herz und Seele uns für sie bereit.
Wir fühlen, dass sie uns begleitet alle Zeit.

So kommt das ferne Licht geahnt, gesehen
durch Weltendunkel, alles Schreckgeschehen
zu uns, damit wir zueinander stehen.

Kristall und Meer

Er kennt sehr wohl der Edelsteine Schimmer,
das Strahlen ihrer Art im schwachen Glimmer
von Sternenferne und von Mondes Glanz.
Sie rufen manchmal ihn zum wilden Tanz,

in dem sowohl die Freude wie die Tränen
entfachen ihm ein schmerzensreiches Sehnen
auf kristalliner Fläche, scharfer Kante,
in denen sich die Liebe einst verrannte.

Ob bleiches Mondlicht oder Morgengrauen,
er kann dem Meer die Sehnsucht anvertrauen,
um die Korallenriffe Schmerzen ranken.

Aus Meerestiefen holt er sich das Gold
für ein Geschmeide ,wenn das Herz ihm grollt
und langsam zornig werden die Gedanken.

Geheimnisse

Geheimnisse wohnen im Meer und der Wüste,
von denen nicht einmal die Zeit etwas erfährt.
Ständig bewegt Wind in Wellen
die Konturen von Wasser und Sand,
verwischt die Spuren
und tilgt jegliche Erinnerung
an die vorangegangene Stunde.

Der ewig gleiche Vorgang verweht die Grenze
von Gewesenem und Gegenwärtigem,
von Traum und Wirklichkeit.
Und selbst die Geschöpfe erinnern sich nicht.
Sie leben dem Augenblick,
der ihr letzter sein könnte,
und befolgen die immer gleichen Gesetze
um Fraß und Sicherheit,
Lauer und Attacke.

Nur wenn der Mensch
in die Erinnerungen einzudringen versucht,
herrschen für kurze Zeit
Verstand, Gefühl und Glauben,
den Geheimnissen auf der Spur zu sein –
vergebens, denn alles ist Wandel,
alles ändert sich ständig,
flüchtig im Wind.

Stumm

Die Steine, die wir als Kinder
über das Wasser hüpfen ließen,
und die Möwen, die auf den Teich einfallen
vor der Macht des Sturms,
lasten auf unserer Stirn.

Wer sie aufzuscheuchen versucht,
scheitert.
Sturm und Erinnerung
überwältigen unseren Blick.

Stumm bleibt der Teich im Abend,
stumm die Zeit, die verrinnt.

Nur die Eichen am Ufer breiten die Kronen
weit gegen den Himmel.

Raue Heimat

Den kahlen Hügel erklommen,
schaue ich rings über flaches Land:
Die fernen Wälder verschwommen,
wie eine dunkle, niedrige Wand.

Davor das Geflecht der Hecken
grenzt ein Wiesen und das Feld,
läuft quer und längs, bildet rechte Ecken.
Vorm Windflug es die Krume hält.

Eine Straße mäandert am Bach entlang,
folgt seinem unbegradigten Lauf,
im steten Überschwang
nimmt er Wasser von Gräben auf.

Am Himmel graue Wolken jagen,
verdecken stets wieder das Sonnenlicht.
Wind beugt Eichen, die einsam ragen.
Und jetzt fällt Regen dicht.

Häher

Das Spiegelbild, das Morgensonnenschein
im See erzeugt vom waldbekränzten Ufer
verwirbelt nun ein Sturm. Der einz'ge Rufer
ist laut der Häher überm Schicksalsstein.

Er warnt vor Hunger, Leid und Untergang,
beschwört herauf ein wüstes Weltenende,
er krächzt gar laut von schneller Schicksalswende,
auf die er warte schon äonenlang.

Doch sieh, der Sturm verliert an grimmer Stärke,
der Spiegel zeigt die Ufer leicht gekräuselt.
Der Häher ist verstummt. Im Luftzug säuselt

ein leises Echo glücklicherer Stunde.
Ein Hoffnungslied aus ferner Welten Runde,
verspricht uns Klarheit in der Menschen Werke.

Ewiger Kampf

Der Kampf ums Dasein herrscht seit alten Zeiten,
und selbst das Urmeer kannte Tod und Mord.
Es kämpfen um Ressourcen fort und fort
die Wesen, um sich weiter auszubreiten.

Zwar wandelten sich ständig die Äonen,
dies Streben blieb doch stets als starker Trieb.
Versteinert in den Grund das Leben schrieb,
was allen Kreaturen angeboren.

Die Menschen rühmen sich, Verstand zu haben,
sie irren, denn sie sind genauso Tier.
Sie brechen mit den angebor'nen Gaben

und folgen nur Instinkten ewig hier,
wo sie des Paradieses Frieden wähnen,
doch immer streiten sie um die Domänen.

In einem fort

In einem fort,
von Ort zu Seelenort,
auf der purpurbedeckten Treppe hinab...
die Tage bis knapp
zu den Rosen am See der Kinderzeit,
so weit, so weit...

Stufe für Stufe zurück
ins Kinderglück
steige ich nieder,
um wieder
Geborgenheit zu spüren,
behütetes Leben zu führen.

In einem fort,
von Ort zu Seelenort,
steigt die Erinnerung an Liebe auf
im Lebenslauf.
Ich war niemals verlassen.
So will ich gelassen

den Weg zum Ende gehen.

Tod

Du hast die Mühsal hinter dir gelassen,
die vor dir lag.
Du bist am andren Ufer angelangt.

Ich staunte,
wie friedlich deine Hülle ruhte,
wie jung mir dein Gesicht erschien,
ohne die Spuren aller Mühen,
die dich im Leben umgetrieben.

Dein Wirken lebt ja fort,
dein Lieben ist all denen unvergessen,
die dich sehr nah und so vertraut erlebt.

Unter der Linde

Die Linde steht in voller Blütenpracht,
sendet mir ihren süßen Duft.
Mit Wohlgerüchen ist erfüllt die Luft
so kurz vor dem Beginn der Nacht.
Die Vögel schweigen bald im Baum,
die Hummeln taumelten nach Haus.
Bald füllt das Dunkel alles aus.
In Stille senkt sich langsam Traum.

Ich schließe meine müden Augen zu,
leh'n mich an die vertraute Rinde.
Ich atme tief den Duft der Linde
und find' von Tages Mühsal Ruh.

Da weckt mich sanfter Windhauch auf,
im Baume rauscht und flüstert's leise,
singt mir die altvertraute Weise
vom schon vergang'nen Lebenslauf.
Was kommen soll, verschweigt der Wind.
Ich lächle, denn ich weiß bestimmt,
dass alles seinen Lauf so nimmt,
wie es bestimmt war schon dem Kind.

Die Linde rauscht und duftet fort,
bringt Freude und Erinnerung,
bringt Liebe und Begeisterung,
schenkt mir den Zukunftshort.

Endgültigkeit

Ich möchte dich treffen auf der Spur der Tränen,
die ich bis jetzt noch nicht geweint,
möchte küssen dich im heißen Sehnen
in einem einz'gen Augenblick vereint.

Du wanderst ferner, weiter, bist entrückt...
An manchen Tagen find ich dich nicht mehr,
auch wenn dein Bild mich kurze Zeit verzückt.
Die Wärme trug Endgültigkeit ins Meer.

Im Traum erscheinst du nicht und nicht im Wachen,
der Alltag deckt Erinnerungen zu.
Allein der Klang von deinem frohen Lachen
gibt mir für Augenblicke gnädig Ruh.

Erinnerung

Erinnerung im Reich der weißen Sterne
aus Winters Kälte, Frostes hartem Griff,
der ihre zarte Form sich schliff,
lebst du mir fort in aller Ferne.

Du rührst noch manchmal mich
mit fernem Ruf aus uferlosen Weiten,
gleich wie ein Vogel Flügel auszubreiten,
um einmal noch zu sehen dich.

Im harten Wolkenwind zu harr'n
bei Reh und Fuchs in Eis und Schnee
am hohen Ufersaum am See
im braunverbrannten, abgestorb'nen Farn

ziemt sich für die Erinnerung weit mehr
als deiner halb im Weiß begrab'nen Spur
zu folgen in Gedanken nur.
Es gibt für mich nicht Hoffnungs Wiederkehr.

Morgen am Grab

Über deiner Asche wiegt
sich frühlingshaftes Gras.
Leben bricht aus Leid und Tod
wie frühes Morgenrot
nach einer finst'ren Nacht.

Der Wind die frischen Halme biegt
nach seinem Maß.
Des Herbstes bunte Blätter
streut er bei schönem Wetter
zwischendrein in aller Pracht.

In zartem Glanze liegt
das morgendliche Nass.
Ein Vogel singt mein Liebeslied.
Weiß nicht, wie mir geschieht,
hat Freud' in mir entfacht.

Mut

Ich hänge Sterne an den Samt der Nacht,
ich lenke den Regenbogen über das Feld,
damit das Dunkel wird erhellt
und mein Herz wieder lacht.

Ich baue mir Treppenstufen zum Licht,
hoch über Städte, Wald und Land,
denn ich habe endlich erkannt,
dass Mut den Zweifel bricht.

Am anonymen Gräberfeld

Spielzeug-Windräder drehen farbig ihre Kreise,
Christus hebt segnend seine bronzene Hand.
Die Heckenrosen blühen rosarot auf ihre Weise,
ein prächt'ger Schmetterling die Blüten fand.

Der Rasen grünt, bestreut mit weißen Sternen
der Gänseblümchen um den hohen Mammutbaum
und Kerzen flackern leicht in den Laternen.
Sie geben liebevoll Erinnerungen Raum.

Gleich nebenan ein frischer Kranz zeigt seine Pracht
von Feuerlilien, Rittersporn und Chrysanthemen,
vom Tau erhalten über eine lange Nacht,
die nichts von seiner Frische konnte nehmen.

Die Taube gurrt, die Amsel flötet ihre Lieder
ganz unberührt von dem besond'ren Ort.
Es findet sich das bunte Leben immer wieder
und spendet Trost und Freude immerfort.

Gegenwart

Umsonst hast du das Sternenband verlassen.
Die Pfade der Erinnerung sind nicht mehr grün
und die der Zukunft werden grau verblassen,
der Schein der letzten Liebe nicht mehr glühn.

Du kannst das Leben nur im Heute finden,
in dem du dich beherzt bewähren musst,
kannst dich an keine liebe Hoffnung binden,
weil viel zu tief verletzt ist deine Brust.

Wo Kriege herrschen, Menschen täglich sterben,
das pure Grauen haust und das Verderben,
willst du die Jugendträume nicht vererben.

Du kannst nicht hoffen mehr, dich nicht befreien
aus Angst und Tod, kannst dich nur weihen
der Menschlichkeit - und darfst verzeihen.

Friedhofsidylle

Ich bin an seinem Grab verweilt
im Glimmer von Sonne und Schatten,
hab mich gewundert, wie die Zeit so eilt,
gedacht des Lebens, das wir einstmals hatten.

Friede ringsum im Rauschen der Bäume,
Gesang der Vögel und Blumenpracht.
Kein Mensch weit und breit. Ich träume
bis hinter den Büschen ein kleines Kind lacht.

Über dem Brunnen tanzen Mücken,
ein Eichhörnchen kommt neugierig heran,
Amseln picken in den Rasenstücken.
Leben regt sich ringsum. Und dann

fährt ein Windstoß in die höchsten Kronen,
schüttelt die Zweige, lässt Blätter regnen
als wollte er heimlich mit diesen Aktionen
wie ein Engel die Umgebung segnen.

Ruhig verlass ich vertrauten Ort,
getröstet und hoffnungsvoll.
Auf Fragen wurde mir Antwort dort:
Mein Leben ist, wie es sein soll.

Schicksalsstunde

Im Gang zu dir, geliebter blauer See,
lass ich weit hinter mir den Schnee,
den Zeit und Raum auf mich gewälzt.

Ich fürchte nicht die Macht deines Gebots.
Es zieht mich an dein Spiegellicht des Abendrots,
mit dem du mir den Weg erhellst.

Ich bin noch einmal jung, wie neugeboren,
und habe mir die Liebe auserkoren
als letzte Lebensmacht, die mich soll tragen.

An deinem riedumstandenen Ufer will ich warten
im Einklang mit ihr auf dem Weg zum Traumesgarten.
Wer will danach nach meinem Schicksal fragen?

Unvermutet

Gebannt
lauschst du dieser Stimme,
siehst du in diese Augen,
und alles,
was gewesen und was ist,
zählt nicht mehr.

Es ist vergessen,
da dein Sein
zusammenschmilzt
in diesen einen Augenblick,
der deine Bestimmung war
– du weißt es –
seit Anbeginn.

Erste Liebe

Und immer wieder an derselben Haltestelle
haben wir Abschied für die Nacht genommen.
Und jeder ging allein in seine Studienzelle
und hatte wieder einen Tag zu zweit gewonnen.

Und mit der Straßenbahn in jenen heißen Tagen
trafen wir schlafbeschwert uns ruhig wieder
und gingen beide an vereinte Studienfragen
und schauten auf die Arbeit mit gesenkten Lidern.

Und hin und wieder hoben wir verstohlen Blicke,
flochten wir Finger in die Hand des Trauten,
wir forschten im Gesicht des andern die Geschicke
und horchten, ihm ans Herz gelehnt, geheimen Lauten.

Und dann am Abend an der gleichen Haltestelle
haben wir Abschied für die Nacht genommen.
Und jeder ging allein in seine Studienzelle,
im Herzen still verwundert und zutiefst beklommen.

Gegenseitig

Du sagtest einst zu mir:
Geben und Nehmen
sind eins.
Was aber macht seliger?
Keins!
Untrennbar – unentrinnbar
verschränkt sind sie mit Dir,
die du gibst,
die du nimmst.
Ich gehöre Dir.

Ich gab als Antwort:
Nehmen und Geben in der Liebe
sind eins.
Was ist seliger?
Keins!
Untrennbar
und unentrinnbar
sind sie
verbunden mir
mit dem Nehmenden,
dem Gebenden,
mit Dir.

Vollmondnächte

Der Mond war voll als wir uns hielten,
heut ist er Sichel nur im fahlen Morgenblau.
Du warst bei mir im Traum der Nacht,
jetzt trennen Welten uns.
Ich liege wach
und sinne nach dem Spiel
der Hände und der Lippen.

Nicht lange mehr...
der Mond ist wieder rund,
er lacht uns zu
vom Himmel voller Freude.
Alles wird sein wie vorher:
du küsst mich auf den Mund
und flichtst in meine deine Finger.

Mein Tag mit dir

Ich denk an dich
des Morgens früh, wenn ich erwache,
ich grüße dich,
wenn ich mir Frühstück mache.
Ich frage mich,
was tust du jetzt gerade,
wenn ich das Auto mir mit Einkäufen belade.
Ich sehne mich nach dir,
wenn ich am Mittag ruhe.
Und wenn ich anzieh meine Wanderschuhe,
ruf ich dich in Gedanken her.

Ich will nichts mehr
als immer an dich denken,
will dir von meiner Zeit ein wenig schenken.
Am Abend fühl' zurück ich mich in deinen Arm,
des Nachts hält mich ein Traum von dir dann warm.
So ist das Glück verteilt auf jede Stunde,
wenn ich mit dir verbunden leb' des Tages Runde.

Über alle Entfernung...

SIE
„Die Sterne verblassen...
Ich kann es nicht lassen,
ich sehn' mich nach dir,

vermisse dein Lachen
beim frühen Erwachen
im Bett neben mir."

-.-.-.-.-.-.

ER
„Guten Tag, guten Morgen,
verleb den Tag ohne Sorgen,
das wünsche ich dir.

Möge der Himmel uns lachen
bei dem, was wir machen,
dir dort und mir hier."

Gemeinsam

Das Zusammensein,
die Zusammenarbeit
mit Dir,
mein Geliebter,
war gut.

Du bist nicht mehr.
-
Irgendwie geht es weiter,
finde ich Wege,
die Arbeit fortzusetzen.

Aber Deine Art,
mich zu verstehen,
bleibt unwiederholbar.

Ganz Du –,
galt deine Aufmerksamkeit mir.
Es war gute Arbeit,
die wir machten.

Ich gebe mir Mühe,
sie zu vollenden
in Deinem Sinne,
mit Deiner Zustimmung.

Brief an die Liebe

Liebe Liebe,
du hast mir so viel geschenkt,
hast mein Leben zum Guten gelenkt,
hast mich gelehrt, anders zu sehen
als nur mich zu kümmern um mein Geschehen,
hast über Augen und Herz geboten,
Gutes zu spüren in der Welt, der verrohten,
hast zu mir gehalten in Lachen und Weinen,
hast geholfen, zwei Menschen zu vereinen,
und hast mich endlich geführt zu mir,
liebe Liebe,
ich dank dir dafür.

Im Morgengrauen

Wenn Orion, der Jäger, scheidend den Himmel erhellt
und sein Schwertgurt über den Tannen leuchtet,
wenn im Osten Venus sich rüstet, den beginnenden
Tag
und das Ende der Nacht funkelnd zu künden,
liegt noch immer in tiefem Schlafe die Welt.
Wenn der Tau die träumenden Blüten befeuchtet,
der Nachtigallen Gesang verstummt im Hag,
die Vögel sich regen in den friedlichen Gründen,
ist die Dämmerung meinem Herzen vergällt.

Gönnen möcht ich die Stunden der heimlichen Ruhe
nimmer
dem heraufziehenden Tag, denn noch voller
Erwartung mag
ich nicht ruhn. - Ich möchte, Geliebter, dich binden,
dich umschlungen halten, - in Liebe dir zugesellt.
Fürchte nicht des Morgenlichts rosigen Schimmer,
geh nicht von mir, Liebster, beim ersten Amselschlag!
Lass uns nicht -wie Orion- fern voneinander Liebe
empfinden,
lass die Welt wissen, dass ich heut bei dir lag.

Krieg

Still blüht der Rosengarten
in Rosa, Weiß und Rot.
Sie war bereit zu warten.
Nun ist die Liebe tot.

Die Wolken ziehen wie Schafe
über den Garten her.
Die Heide liegt im Schlafe.
Er kam nicht mehr.

Damals unter der Weide
den letzten Kuss sie ihm gab.
Hoffnungsfroh schieden beide.
Er liegt im Grab.

Sternschnuppe

Über den Garten fallen erste Schatten,
die Abendwolken jagen tief.
Das Himmelsblau will schon ermatten.

Wir sitzen still unter dem Wolkenhimmel
und warten auf die Dunkelheit der Nacht,
wir suchen in dem ersten Sterngewimmel

nach einem Funken, der vom Himmel fällt,
und sinkend uns ermahnt zur Wacht:
gewahr zu werden, was uns trägt und hält.

Wir wissen nicht, wie uns zu überwinden,
das Wort zu sagen, das entscheidend ist,
doch unsre Finger fangen an sich zu verbinden.

Augen - Blicke

Wir sahen uns an und hielten den Blick,
wir sahen nicht vorwärts und nicht zurück.
Wir sahen uns an und zögerten nicht,
gemeinsam zu gehn in ein helles Licht.
Wir fassten einander fest an der Hand,
wir brachen auf ins gelobte Land.
Wir sahen nur vorwärts, nicht mehr zurück,
wir suchten am Horizont das Glück.

Wir sahen uns an und hielten den Blick,
aber haschen konnten wir nicht das Glück.
Wir nahmen die Nacht und hofften auf Sterne,
auf Lichter der Heimat in der Ferne.
Wir vertrauten einander und zögerten nicht
auf der Suche nach einem warmen Licht.
Das gelobte Land wich vor uns zurück
und dennoch halten wir den Blick.

Ich möchte...

Ich möchte mit dir zum Tanzen geh'n,
barfuß im Schnee,
möchte sitzen mit dir auf grünen Höh'n
am klaren See,
reden und lachen,
Unsinn machen.

Mit dir möchte ich reisen um die Welt
im Zigeunerwagen,
leben und feiern ohne Geld
an allen Tagen,
singen und lachen,
in allen Sprachen.

Ich möchte mit dir die Segel hissen
zu großer Fahrt,
möchte dich auf die Nase küssen
nach Nixenart,
jubeln und lachen
mit Meeresdrachen.

Mit dir möchte ich den Mond besteigen,
die Sterne begrüßen,
möchte dir der Erde Schönheit zeigen
uns zu Füßen,
schweben und lachen
im Himmelsnachen.

Verweht

Ich habe mein Leid in die Heide getragen,
wo's Kraut schießt in die Höh,
wo ein Blütenmeer seit alten Tagen
stillt jedes Weh.

Ich habe mein Leid den Vögeln gesungen,
die unterm Himmel zieh'n –
es hat in ihren Liedern geklungen
im frischen Grün.

Ich habe mein Leid dem Wind übergeben,
der vorüberzog im Nu –
er hat's hinausgetragen ins Leben,
ließ mir die Ruh.

Herbst - Blues

Ein bisschen Sehnsucht, Liebe und Glück
gab mir der Sommer. Kommt er zurück?
Wird sich die Sehnsucht noch einmal erfüllen,
kann die Liebe sich wieder entfalten,
will das Glück sich enthüllen,
der Sommer halten?

Noch scheint die Sonne, noch ist es hell...
Doch bald schon tanzen die Blätter im Reigen,
ihre Farben glühen, die Nebel steigen,
wo ist dann mein Sommergesell?

Abendlicher See

Der See in seinen schwarzen Fluten
zieht magisch mich in seinen Bann.
Hier will der Abend sich verbluten.

Ringsum im dämmerdunklen Tann
wartet die Eule schon auf ihre Stunde.
Ich singe, sing' so laut ich kann.

Die grauen Felsengipfel in der Runde
seh'n schweigend, drohend nur auf mich
und schlagen mir die abendliche Wunde.

Ich frage leis, bin länger ich noch Ich,
bin ich nicht schon vergessen und vergangen,
ist nicht der Abend nur für sich?

Im Tief des Sees packt mich ein Verlangen
nach Frieden, Liebe und nach dir.
Doch all die Lieder, die verklangen,

kommen als Echo nur zu mir.

Die Liebe fiel auf steinigen Boden

Die Liebe fiel auf steinigen Boden
und doch erblühte sie strahlend hell.
Sie ließ sich nicht brechen, ließ sich nicht roden,
obwohl nicht erlabt vom klaren Quell.

Den Winter über war sie geborgen
im Bett aus schneebedecktem Gebüsch.
Frühlings erwachte sie früh am Morgen,
erblühte zu voller Schönheit frisch.

Die Liebe klammert sich treulich an,
verankert auf trockenem, steinigem Grund.
Nichts ihrer Lebenskraft trotzen kann,
wenn sie festhält am einmal geschlossenen Bund.

Freudschaftsgefühl

Es ist nicht Liebe, an der Sehnsucht hängt,
ist ein Verstehen, welches man einander schenkt,
ist Dankbarkeit
und Sicherheit.

Es ist ein gegenseitig Lernen ohne Zwang und Plan,
schenkt tiefre Einsicht auf der Lebensbahn,
es gibt Geleit,
befreit.

Es ist ein Finden, Geben und Vertrauen,
dass man auf Felsen seine Sicht wird bauen,
ist helles Licht
und hat Gewicht.

Es ist wohl Eros auch manchmal darin enthalten,
er kann - doch muss sich nicht - entfalten.
Zuneigung, ganz schlicht,
bringt Zuversicht.

Ein Suchender

Er sagt, er habe ein tiefdunkles Herz,
doch sieht man darin den Morgen blühen.
Er wähnt sich verfallen dem giftigen Schmerz,
doch ahnt man ihn vor Liebe glühen,

Liebe, die noch nicht ganz ausgerichtet,
Liebe, die noch sucht und schon sich erfüllt,
Liebe, die die Unterwelt im Selbst bedichtet,
und den Gesang noch in Trauer hüllt.

Er sagt, er müsse am Leben verzagen,
und doch gibt er sich ihm mutig hin,
hat an Sünde, Tod und den Teufel Fragen,
sucht in der eigenen Erlösung Sinn.

Nicht immer sind seine Versuche erfolgreich,
sich zu befreien aus langem Bann,
zu tief sitzt der Spuk und kann nicht sogleich
für immer sich lösen...Aber dann

kommt die Gewissheit, dass er sie wird finden,
die Liebe zur Welt und zum eigenen Ich.
Er wird sich fest an das Leben binden,
es anerkennen als das bestimmte für sich.

Aufkommende Flut

Die frühe Sonne trügt an Watt und Düne,
vor Mittag treibt die Regenfront heran.
Die Flut läuft langsam auf und dann und wann,
entschwirrt ein lauter Vogelschwarm der Bühne.

Weit draußen ragt rot-weiß gestreift - ein Hüne –
der Leuchtturm, in das nassgetränkte Grau.
Sein Licht entlockt dem Grund wanderndes Blau,
als wollte es, dem Wetter trotzend, Sühne.

Ich stehe unterm Regenschirm und lausche
dem Daseins-Ton der unbekannten Wesen,
die sich im Uferschlick dort heimlich regen,

die sich verkriechen im gewohnten Tausche
von Flut und Ebbe. – Auch die hier verwesen,
bezeugen still des Meeres Frucht und Segen.

Miesmuschelband

Im Schaum am weichenden Wellenrand
schwingt ein Muscheltrüppchen hin und her,
angekoppelt an ein Algenband,
eben angespült vom Meer.

Geschlagen aus seiner Gemeinschaft am Stein
durch der Woge Gewalt,
mitgerissen, weggeschleudert, hält es ein,
jede Muschel ähnlicher Gestalt.

Länglich schwarz - auch braungestreift daneben -
hält sie festverschlossen ihre Schalen,
sucht vergeblich ihren Fäden Halt zu geben.
Jeder Sonnenstrahl bedeutet Qualen.

Stunden später auf dem trocknen Schaum
Offenbart sich ihr geheimer Schimmer:
perlenfarbene Schönheit, - kaum
angerührt vom Sonnenflimmer.

Wellhornschnecke

Schneckenhaus –
von Wind und Welle gebleicht,
angespült – liegen geblieben.
Hat der Wind es erreicht,
beginnt es sein Lied zu lieben,
sein Rauschen zu säuseln,
sein Sausen zu summen.

Sobald sich
die Wellen über ihm kräuseln,
muss es verstummen,
bleibt das Lied verborgen
im gewundenen Gang,
bis in ihm bei Ebbe morgen
erneut ertönt der Windgesang.

Hörnum Odde/ Sylt

Rippelmarken, Muster am Strand
von Wind und Welle gewoben.
Sacht bewegt sich der Sand –
schon sind die Linien verschoben.

Möwentritte – dreizehig, fein -
laufen über die Muster quer,
Steinchen im Sonnenschein
werfen Schatten über sie her.

Krabbe mit weit geöffneter Schere
schlenkert im Hauch das tote Bein,
wirbelt über ein Stückchen Leere,
bleibt haften am nächsten Stein.

Sand rieselt mit leisem Singen
unaufhörlich dem Wasser zu,
verharrt nur kurz bei den Dingen,
gibt niemals Ruh.

Fernweh

Heb mir den letzten Tanz auf, he!
Gib mir den letzten Kuss! Ich fleh:
Lieg mir ein letztes Mal im Arm!

Ich denk, dass ich dich einstmals wiederseh,
bevor ich von der Erde geh.
Ich trage weder Groll noch Harm.

Ich will nur weiter, will zur See,
will Sonne spüren, ewgen Schnee
und ziehen mit dem Vogelschwarm.

Heb mir den letzte Tanz auf, kleine Fee,
und weine nicht, wenn ich dich dreh,
weil ich erlieg der Ferne Charme.

———

Seit damals spür ich dich in meinem Arm,
spür dich an meinem Körper warm,
wenn ich das Bild anseh,
wie ich im Tanz dich dreh.

Noch immer, wenn am Bug ich steh,
tut mir das Herze weh.

Venedig

Venedig lockt in Sonnenglut mit Pracht,
verfallenden Palästen, dunklen Gassen,
der Charme im Tageslicht, nicht ganz zu fassen,
erklärt sich vielleicht nur in dunkler Nacht,

wenn vornehm, in gemess'nem Schritt die Schar
der bleichen Masken nimmt dich in die Mitte,
dass du im Karneval nach alter Sitte
geleitet wirst zum Tanz in eine Bar.

Am Tag jedoch glänzt golden der Kanal,
auf dem die schlanke Gondel trunken schaukelt.
Dir wird verwehrt, weil Helle tückisch gaukelt,
zu sehn im Gleißen Untergangsfanal.

O Schöne, aufgebaut auf ranken Pfählen,
du kannst dein künftig Schicksal nicht mehr wählen.

Im Park der Villa D'Este

Der Efeu rankt an einer Faunsgestalt,
bedeckt die krude Blöße mit den Zweigen
im Park der Villa D'Este. Er ist alt
und schaut doch lüstern wie ihm eigen,

bemoost sein Haupt, die Hörner voller Flechten.
Die Augen schauen hungrig auf ein Weib,
das im Vorübergehn ihm Zeitvertreib.
Wie gern würd er in Liebe mit ihr fechten

den Liebeskampf, an dem er ewig hängt,
um ihr die Lust am Leben ganz zu wecken.
Doch ach, sie ist längst hinter grünen Hecken

entschwunden seinem bildgehau'nen Blick
und schaute nicht auf seine Statue zurück.
Er flucht dem Schicksal, das in Stein ihn drängt.

Nacht in Buenos Aires

Wie das Segment einer Orange
hängt der Halbmond
über dem Meer
am südlichen Himmel.

Die Musik am Hafen
spielt einen traurigen Tango.
Die Lichter über der Stadt
lassen die Sternbilder verblassen,
das Kreuz des Südens,
Orion, Rabe und Waage.

Ein Wind haucht über die Tische
der Taverne in La Boca,
bewegt die Fiederblätter
und die blauen Blüten
des Jacaranda,
flüstert von Liebe und Sehnsucht.

Ich sitze allein an einem Tisch
vor der berühmten Kneipe
aus buntbemaltem Wellblech,
gebe mich der Stimmung anheim,
genieße die innere Ruhe.

Glücklicher Moment in der Fremde.

Mittag am Carson River, Nevada

Im Hintergrund die rote Bergesweite,
im Vordergrund der träge Fluss,
dazu die Pappeln und die Trauerweide:
fürs Auge schon ein Hochgenuss.

Die Stille absolut, die Lüfte heiß,
kein Vogelsang, kein Menschenlaut.
Der Himmel blau mit Wölkchen weiß,
und ab und zu die Welle blaut.

Ich nehm den großen Pinsel auf,
in meinen Becher tauch ich ihn
und lege fest des Flusses Lauf,
seh zu den fernen Bergen hin.

Allmählich ringt sich die Kontur
hervor im zarten Aquarell,
folgt jeder kleinen Pinselspur.
Die Farben trocknen schnell.

Im Hintergrund die rote Bergeskette,
im Vordergrund der blaue Fluss, -
streiten Natur und Kunst hier um die Wette,
doch beide wie aus einem Guss.

Lanzarote

Geboren aus Feuer
die junge Schöpfung,
im Feuer erstarrt.
Die Berge: erloschene Schlacke,
rot – braun – violett
im ruhigen Blau der Elemente
unten wie oben.

Weiß zuweilen der Saum
vom Sand aus der Wüste
von fernher aus totem Land.
Stille und Ruhe
über den huschenden Schatten
der Fischchen im Wasser der Becken,
wenn die Welle zerrann.

Zaghaft duckt sich
ein grünender Halm
im Spalt des erstarrten Stroms.
Gespeist vom Tau der Dämmerung
harrt er und hält aus,
das alte Leben zu künden,
das einst hier sich breitete,
das einst auch wieder
die Asche besiegt.

Im Wald

Zur Eule trug ich meinen Sorgenschatz,
die eifrig nachts auf braunen Schwingen
sich aufmacht in des Waldes Klingen
zur späten Atz.

Ihr Nest war leer, war nicht gepolstert weich,
da konnt' ich legen ab die Schmerzen
und hoffen, dass dem wunden Herzen
Trost käme gleich.

Ich setzte mich an dieses Baumes Stamm,
ich wartete, ich hoffte, lauschte,
ob nicht der Eule Flügel rauschte,
sie wiederkam.

Der Mond stieg langsam auf über dem Baum
und helle Sterne mit Gefunkel
erhellten trostreich mir das Dunkel
am Himmelssaum.

Ich schlief darüber ein, durchlebte
den Traum der Liebe, der Erinnerung.
Er brachte mir die Linderung,
wenn noch ich bebte.

Die Schatten sinken...

Die Schatten sinken, rot erscheint der Abend
nur kurz, bevor die Sonne untergeht
im Westen. Wüstenblumen farbig leuchten
wie Träume, wenn Osiris aufersteht

vom Tod. Und kühle Winde hauchen labend
des Lebens Atem in die stille Welt.
Hoch überm Horizont wölbt Nut das Leuchten
des Leibs, der alle Sterne in sich hält.

Das Boot aus Schilf liegt schaukelnd in den Wellen,
sinnt nach den alten Mythen, dunklen Sagen
von Göttern, Pharaonen und von Reichen,

die längst versunken. Krokodile klagen,
dass sie nicht heilig weiter sind den Quellen,
weil dort der Zeiten tote Knochen bleichen.

Friedenssehnsucht

Mit dir ins Blau der frühen Morgenstunde,
ins Blau des Abends und der stillen Nacht,
in der der Eule Späherblick nur wacht,
und weiß der Mond beleuchtet ihre Runde.

Mit dir ins grüne Wasserreich der Tiefe,
wo Fisch wohnt, der des Bösen Macht vernichtet,
wo wir des Reihers Schatten einst gesichtet,
wo alle Bosheit ruht, als ob sie schliefe.

Doch: sind nicht wir es, die die Stille stören,
die Unschuld morden in dem blut'gen Wahn,
der Gier, dem Ruhm und Reichtum ganz verfallen?

Wird heller Friede niemals reifen allen?
Kann Liebe uns nicht weisen eine Bahn?
Wann wird uns je ein Friedensgott erhören?

Der See, der mich rief

Im Reich jenseits von Träumen und Tränen,
im Land hinter Hoffen und Sehnen
liegt der See, so kalt, so tief,
der mich rief.

Im silbernen Spiegel von Ufer zu Ufer
singt der Reiher, der uralte Rufer,
verspricht Vergessen von Leid und Pein,
bereit soll ich sein.

Doch inmitten sternklarer Neumondnacht
in ihrer funkelnden Helligkeits-Tracht
liegt Verheißung, die lockt und lacht,
die Hoffnung macht.

Eine Brücke spannt sich vom Dunkel zum Licht.
Dem Lockruf des Reihers folge ich nicht,
ich vertrau dem Schimmer, der mir sagt:
„Sei unverzagt,

verlasse den See, die verschlingende Angst,
es gilt kein Grund, weswegen du bangst.
An der Grenze zu Licht und Leben
wird es Liebe geben."

Windgeflüster

Der Wind in seinem Wehen
flüstert uns mahnend zu,
getrost unseren Weg zu gehen,
Schönheit der Welt zu sehen
bis hin zur ewigen Ruh.

Der Wind in seinem Raunen
hüllt uns in Träume ein,
die je nach seinen Launen
uns setzen in Erstaunen.
Ihm wolln wir dankbar sein.

Der Wind in seinem Brüllen
ruft uns an unsrere Pflicht,
das Tagwerk zu erfüllen,
die Wahrheit zu enthüllen,
zu streben nach dem Licht.

Selbst Sturm in seinem Wüten
fegt inn're Wege frei,
kann Unglaube verhüten,
lässt uns nicht länger brüten,
löst aus der Angst den Schrei,
verspricht uns Lieb' aufs neu.

Gewittersturm

Das himmlische Lineal zog ein gerades Band
aus rosa Wolken im Westen über den Horizont.
Darunter wie ein Gebirge am Himmelsrand
türmt sich die tintenblaue Wetterfront.

Und gegenüber im heraufziehenden Dunkeln
leuchtet im Osten fahl der volle Mond,
kämpft mit der letzten Sonnenstrahlen Funkeln,
dass er des Tagsgestirnes Macht entthront.

Ein greller Blitz fährt jäh in das Geschehen,
der Donner grollt im Blätterrauschen,
das aufgeschreckt wird von den heft'gen Böen.
Plötzliche Helligkeit und tiefes Dunkel tauschen
stetig die Fessellosigkeit, bevor sie untergehen.

Die Menschen bang dem Element des Chaos lauschen.

Dein Tempel

Kennst du auch Orte, die dir Tempel scheinen,
wohin du fliehst, wenn alles dir zu viel,
wohin Gedankenspiel und Angstgefühl
dich manchmal treiben, wo sie sich vereinen

mit großer Ruhe und Gelassenheit?
Dort kannst du sinnen und die Angst vergessen,
befreien dich von dem, was dich besessen.
Die Orte öffnen deine Seele weit.

Du trittst hervor aus deinem Heiligtum,
verwandelt und erlöst wie einst als Kind.
Du spürst, dass Leben für dich neu beginnt.

Was immer dir begegnet an dem Ort,
sei es Gefühl, sei es geheimes Wort,
du nimmst es dankend an als Eigentum.

Atlantis

So fallen Tage aus dem Schicksalslos,
aus Sternenfernen, in der Erde Schoß.
Sie treiben dann im Ozean und fallen
erschöpft zu abgestorbenen Korallen.

Und keine Welle wiegt sie sanft. Sie beben
als wollten sie zurück ins enge Leben,
in Tag und Traum, in Freud und Weh,
in Hitze, Winterkälte, Dürre, Schnee.

Sie tragen schwer an der Erinn'rungsfracht,
die ihnen auch das Meer nicht leichter macht,
und kein Vergessen ihnen zugedacht.

Nur selten einmal kommt die helle Stunde
und heilt für Augenblicke ihre Wunde,
wenn Menschen forschen auf dem Meeresgrunde.

Mein Leben

Ich habe vom bitteren Honig der Liebe gekostet,
den senfgewürzten Essig des Zweifels probiert,
die blauen Beeren der Sehnsucht gefrostet
und alles Geschehen akzeptiert.

Ich bin in die Helle des Frühlings gesprungen,
habe geduldig die Hitze des Sommers durchlebt,
hab mich im Herbst auf die Bäume geschwungen,
wo die Spinne ihr Vergessensnetz webt.

Jetzt schau ich ins Land, wo bizarre Schatten
queren den Weg, wenn der Himmel sich putzt
mit roten Wolken auf goldenen Matten,
bevor der Winter die Flügel mir stutzt.

Inhaltsverzeichnis

Irene Beddies, Jahrgang 1939, über sich:

In Friesland wuchs ich auf bis zum Abitur.
In Hamburg studierte ich, heiratete, arbeitete ich
 und zog drei Kinder groß.
Seit meiner Jugend schreibe ich Texte und Gedichte,
eine Zeit lang auch in englischer Sprache.
Seit 2011 veröffentliche ich regelmäßig in einem Forum
und in Anthologien.
Ein Märchenbuch (**In Krollebolles Reich**/ Märchen)) ist
ebenfalls in diesem Verlag veröffentlicht.

Lesen ist meine Droge, Schreiben mein Anliegen und
mein Vergnügen.